COLLECTION

de

feu M. RICARDO HEREDIA

Comte de Benahavis

ESTAMPES

DESSINS

---

15 MARS 1900

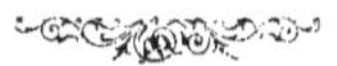

Mᵉ MAURICE DELESTRE	**M. LOYS DELTEIL**
Commissaire-Priseur	Artiste Graveur, Expert
5, RUE SAINT-GEORGES, 5	67, RUE SAINTE-ANNE, 67

CATALOGUE

DES

ESTAMPES

&

DESSINS

composant la Collection

DE

feu M. Ricardo HEREDIA

Comte de Benahavis

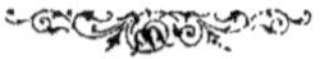

Dont la vente aura lieu :

Hôtel des Commissaires-Priseurs, Rue Drouot, nᵒ 9

SALLE Nᵒ 7

LE JEUDI 15 MARS 1900

à 2 heures

<table>
<tr><td>

Mᵉ MAURICE DELESTRE

Commissaire-Priseur

5, RUE SAINT-GEORGES, 5

</td><td>

M. LOYS DELTEIL

Artiste Graveur, Expert

67, RUE SAINTE-ANNE, 67

</td></tr>
</table>

CONDITIONS DE LA VENTE

Elle sera faite au comptant.

Les acquéreurs paieront *cinq pour cent* en sus des adjudications.

M. Loys Delteil chargé de la direction de la vente, remplira les commissions que voudront bien lui confier les personnes ne pouvant y assister.

M.M. les amateurs pourront visiter la collection, *67, Rue Ste Anne, du Mercredi 7 Mars au Mercredi 14, de 9h. à 3h,*

DÉSIGNATION

ALIX (Pierre-Michel)

1 — Le Général Bonaparte, d'après Appiani 1798.
De la épreuve, impr. en couleurs, petites marges.

BERGHEM (Claës)

2 — Sujets d'animaux en largeur (B. 13-16). Suite de quatre
pièces in-8.
Superbes et rares épreuves du 2me état, avant toutes lettres.

BOILLY (D'après L.)

3 — *Bonaparte, premier Consul de la République Française*,
par Levachez; au bas du portrait, une vue de la *Revue
du Quintidi*, par Duplessis-Bertaux.
Superbe épreuve, impr. en couleurs, marges.

BOIS DU XVe SIÈCLE

4 — *La Circoncision de Jésus-Christ*. — Incrédulité de Saint
Thomas. — Saint-Augustin. Trois toutes petites pièces
coloriées, la 1re avec texte au verso.

BOL (Ferdinand)

5 — Saint-Jérôme dans une caverne (B. 3).
Superbe épreuve de 1er état avec les salissures dans le haut de la planche, tirée
sur *papier à la folie*.

BONASONE (J.), CASA (N. della), VÉNITIEN (Aug.)

6 — Buonarotti (Michel-Ange), 1545. — Bandinelli (Baccio)
— Barberousse, Empereur des Turcs, 1535. Trois pièces.
Très belles épreuves.

BONNET (Louis-Marin)

7 — *The Milk Woman. — The Woman la King Coffee, 1774*.
Deux pièces petit in-folio, faisant pendants.
Superbes épreuves impr. en couleurs dans des encadrements rehaussés d'or. marges.

BOSIO (d'après D.)

8 — La Bouillotte. Pièce in-fol., sans nom de graveur.
Très belle épreuve, marges.

CHEVILLET (Juste)

9 — La Santé portée. — La Santé rendue. Deux pièces faisant pendants, d'après Terburg.
Très belles épreuves à grandes marges.

DALEN (Cornelis van)

10 — Aretin (P.) — Boccace (J.) — Piombo (S. del) — Barbarelli (G.). Quatre portraits, d'après Titien.
Superbes épreuves avec marges.

DARCIS (Louis)

11 — Le Trente-un, ou la Maison de prêt sur nantissement, d'après Guerain. In-fol.
Superbe épreuve à grandes marges. Rare.

DÉ (Le Maître au)

12 — Le Sacrifice à Priape (B. 27) — Planche de l'Histoire de Psyché (71). Deux pièces.
Très belles épreuves du 1ᵉʳ état.

DREVET (Pierre)

13 — Dubois (le cardinal Guill.), d'après H. Rigaud, 1724 (D. 15).
Superbe épreuve, marges.

14 — Philippe V, roi d'Espagne, d'après H. Rigaud (D. 41).
Très belle épreuve du 1ᵉʳ état. Rare.

15 — Rigaud (Hyacinthe), d'après lui-même (D. 142).
Très belle épreuve du 2ᵉ état, avant la lettre. Rare.

DURER (Albert)

16 — La Mélancolie (B. 74).
Très belle épreuve.

17 — La Grande Fortune (B. 77).
Superbe épreuve tirée sur papier à la *Grande Couronne*.

18 — La Petite Fortune (B. 78)
Très belle épreuve.

DYCK (Antoine van)

19 — Breughel (Jean), dit de Velours (Dutuit 1).
Superbe et très rare épreuve du 2ᵉ état, avec une partie du fond gravée, mais avant toutes les lettres.

DYCK (d'après Ant. van)

20 — Médicis (Marie de), par Paul Pontius (D. 60).
Très belle et très rare épreuve du 3ᵉ état, avec l'adresse de van den Enden.

21 — Ferdinand d'Autriche, par J. Paine (D. 163, 1ᵉʳ état). — Anna Wake, par P. Clouet (179, 2ᵉ état). — Charles 1ᵉʳ, par un Anonyme. Trois portraits.
Belles épreuves, la première restaurée.

ÉCOLE ANCIENNE

22 — *Il funerale d'Agostin Carraccio fatto in Bologna...*, suite très rare de 8 eaux-fortes, par Guido Reni (B. 54-60), avec le frontispice, 1603. — La Villa des Empereurs à Rome (B. 6). — La Tour Leonini (9). — L'Hotellerie de Prima Porta (10), par B. Breenberg. — Le Ruisseau traversé, par Berghem. En tout douze pièces.
Très belles épreuves.

ÉCOLE FRANÇAISE (XVIIIᵉ siècle)

23 — Diane au Bain. — Pygmalion et Galathée. — L'Enfance. — La Naissance, — Autel du jeune Bacchus. — Circassienne au Bain. Six pièces in-fol., d'après Metay, Marillier, Vien et Dandré-Bardon, par Viel, Baléchou, Dorgez et Glairon-Mondet.
Belles épreuves.

24 — Enlèvement d'Europe. — Triomphe d'Amphitrite. — Le
Marché conclu. — La Fille mal payée. —Les Conseils
maternels. — Le Stratagème d'Amour. — L'Allaite-
ment maternel encouragé. — Pompe funèbre de
Marie-Thérèse d'Espagne. Neuf pièces, d'après Wat-
teau, Nattier l'ainé, Mouchet, Wille fils, Cochin et
Borel, par Aveline, Lempereur, Darcis, Henriquez.
Belles épreuves, trois avant toutes lettres.

EDELINCK (Gérard)

25 — La Sainte Famille de Jésus-Christ, d'après Raphaël
(R. D. 8).
Superbe épreuve du 2ᵉ état avant l'écusson d'armes de l'abbé Colbert, marges.
Rare.

GOYA Y LUCIENTÉS (Francisco Jose)

26 — Fiero monstruo (P. Lefort 222). — Esto es lo verdadero
(226). — Dʳ Gaspar de Guzman (235). — L'Aveugle
enlevé sur les cornes d'un Taureau (247). — L'Homme
se balançant (250). — La Vieille se balançant (251). —
Un vieux Torero (252). — Une Maja (253-254). — Un
Aveugle chantant (255). — Les Prisonniers (256-258).
Treize pièces.
Très belles épreuves.

27 — Le Supplicié par le Garrot (P. L. 246).
Très belle épreuve à toutes marges.

28 — Les Taureaux de Bordeaux (P. L. 272-275). Quatre
lithographies in-fol.
Très belles épreuves. Rares. N.-B. Le nᵒ 274 est en 1ᵉʳ état.

GREUZE (d'après Jean-Baptiste)

28ᵇⁱˢ — La Privation sensible, par J. B. Simonet, 1780.
Superbe épreuve avant la dédicace, marges.

29 — La Vertu chancelante, par J. Massard.
Très belle épreuve, signée au verso, du peintre et du graveur, à grandes marges

HAID (J. G.) et MURPHY (John)

30 — Achilles, d'après Rembrandt — *The Cyclops at their Forge*,
d'après L. Giordano. Deux pièces in-fol.
Très belles épreuves.

HUET (d'après Jean-Baptiste)

30 (A) — *Ce qui est bon à prendre est bon à garder*, par Alex. Chaponnier.
Très belle épreuve impr., en bistre, à grandes marges.

30 (B) — Le Goûter champêtre, par Jubier.
Très belle et rare épreuve impr., en couleurs, avant toutes lettres, marges.

HOLLAR (Wenceslas)

30 (C) — Le Père d'Albert-Durer (Parthey 1389). — Albert Durer (1390). Deux portraits, d'après A. Durer.
Très belles épreuves, la seconde avant le mot *pinxit*.

HARRIETT (d'après F. J.)

30 (D) — *Le Thé Parisien, Suprême Bon Ton, au commencement du 19e siècle*, par Adr. Godefroy. In-fol.
Très belle épreuve impr. en bistre, marges.

INCROYABLES (Estampes sur les)

31 — Les Merveilleuses. — L'Anglomane. — La Science du Jour. Trois pièces, par Darcis, d'après C. Vernet.
Très belles épreuves, marges.

JACQUE (Charles)

32 — Planche au sept croquis.
Très belle épreuve.

JANINET (J. F.)

33 — La Réunion des Plaisirs, d'après Le Clerc. In-4.
Superbe et rare épreuve avant toutes lettres, impr. en couleurs, marges.

34 — La Jeune Vestale, d'après Le Barbier.
Très belle et rare épreuve avant toutes lettres, impr., en couleurs, grandes marges.

JEAURAT (d'après Etienne)

35 — La Jeunesse. — La Vieillesse. — Le Carnaval des Rues
de Paris. — Le Transport des Filles de joye à l'hopital.
— Enlèvement de Police. — L'Enfance chimiste. Six
pièces, par C. Le Vasseur, Lépicié, Cl. Duflos et
Mme Igonet.

Très belles épreuves.

KLAUBER (J. S.) et WILLE (J. G.)

36 — La Femme de F^ois Miéris. — Tricoteuse Hollandaise. —
Instruction paternelle. Trois pièces, d'après F. Miéris
et Terburg.

Très belles épreuves.

LA FONTAINE (Estampes pour les Contes de)

37 — Le Cocu battu et content. — La Courtisane amoureuse.
— On ne s'avise jamais de tout. — Les Troqueurs. —
Frère Luce. — Le Villageois qui cherche son Veau. —
La Jument du compère Pierre. Sept pièces, in-fol.,
par N. De Larmessin et Filleul, d'après N. Lancret,
Pater et Vleughels.

Superbes épreuves, avant l'adresse de Buldet, quatre à toutes marges.

LANCRET (d'après Nicolas)

38 — Les Amours du Bocage, par N. De Larmessin (E. B. 8.).

Superbe épreuve, marges.

39 — Le Jeu de Cache-Cache mitoulas, par N. De Larmessin.
(E. B. 41).

Superbe épreuve avant l'adresse de Gaillard, à grandes marges.

40 — Le Jeu de Pied de Bœuf, par N. De Larmessin (E. B. 43).

Superbe épreuve avec marges.

41 — Partie de Plaisirs, par P. E. Moitte (E. B. 57).

Superbe épreuve à grandes marges.

42 — Les Quatre Heures du Jour, par N. de Larmessin (E. B.
40, 49, 50 et 74). Suite complète de quatre pièces
in-fol.

Superbes épreuves du 1er état, avant l'adresse de Crépy, à toutes marges.

43 — Les Saisons, par N. de Larmessin (E. B. 13, 30, 39 et
63). Suite complète de quatre pièces.
> Superbes épreuves du 1er état, avant l'adresse de Crépy, à toutes marges.

44 — L'Enfance. — L'Adolescence. Deux pièces, par N. De
Larmessin (E. B. 1 et 28).
> Superbes épreuves à toutes marges.

LAVREINCE (d'après Nicolas)

45 — La Balançoire mystérieuse. — Les Nymphes scrupuleuses
(E. B. 9 et 42). Deux pièces faisant pendants, par
Vidal.
> Superbes épreuves avant la lettre : la 1re est *avant le flot*, l'autre *avant la guirlande continuée.*

46 — Le Billet doux. — Qu'en dit l'Abbé? Deux pièces, par
N. De Launay, faisant pendants (E. B. 10 et 51).
> Superbes épreuves à toutes marges ; le *Billet doux*, est au titre *gris*, et le pendant avec les mots : *des Rois*, au lieu *du Roi* qui caractérisent l'état définitif.

47 — Le Coucher des Ouvrières en Modes. — Le Lever des
Ouvrières en Modes. Deux pièces faisant pendants, par
F. Dequevauviller (E. B. 16 et 36).
> Superbes épreuves à grandes marges, avec l'adresse du graveur.

48 — Le Mercure de France, par Guttenberg jeune (E. B. 38).
> Superbe épreuve avant la lettre, les noms des artistes tracés à la pointe.

49 — Le Restaurant, par Deni (E. B. 53).
> Superbe épreuve avant toutes lettres, seulement le titre : *Le Restaurant*, tracé à la pointe. Très rare.

50 — Les Soins mérités, par Robert De Launay (E. B. 60).
> Superbe épreuve à toutes marges, légèrement plissée.

LE BARBIER l'Aîné (d'après)

51 — L'Age d'Or, par J. A. Léveillé, 1784.
> Superbe épreuve impr. en couleurs, avant la lettre.

LE CŒUR

52 — La Vieillesse d'Annette et Lubin, d'après Swebach-
Desfontaines. In-fol.
> Superbe épreuve imp. en couleurs, à grandes marges.

53 — *Cérémonies et Fêtes du Sacre et Couronnement de leurs
Majestés Impériales Napoléon Ier et son Auguste Épouse.*
Paris, Bance et Lecœur 1806. Recueil de sept grandes
pl., par Le Cœur, Aubertin, Dorgez, etc., avec notice.
> Très bel exemplaire à toutes marges.

LEEST (Antoine van)

54 — Don Juan d'Autriche. Estampe gravée sur bois et signée :
PAR ANT. V. LEEST A. MAIN. DOR.
Très belle épreuve d'une pièce de la plus grande rareté.

LEVACHEZ

55 — Cambacérès, second Consul de la République française,
d'après Devouge ; au bas du portrait, *Barthélemy présentant au 1er Consul l'acte constitutif qui fixe le Consulat à vie*.
Superbe épreuve impr. en couleurs, à grandes marges.

LEYDE (Lucas Damelz, dit de)

56 — L'Histoire de la Création et de la Chute du premier Homme
(Bartsch, 1-6). Suite de six pièces.
Très belles épreuves.

MALLET (d'après J.-B.)

57 — Les Jeux de l'Amour, par Béljambe.
Très belle épreuve imp. en couleurs, avec marges.

MARILLIER (d'après C. P.)

58 — Les Bains de Diane, par P. Maleuvre.
Très belle épreuve avant toutes lettres, marges.

MOITTE (d'après P. E.)

59 — Le Jaloux endormi. — L'Infidélité reconnue. Deux pièces
faisant pendants, par G. Vidal.
Très belles épreuves avant la lettre, marges.

MONNET (d'après Claude)

60 — Les Baigneuses surprises. — Salmacis et Hermaphrodite.
Deux pièces faisant pendants, par G. Vidal.
Très belles épreuves avant toutes lettres. On y a joint une épreuve avec la lettre
de la 1re pièce. En tout trois estampes.

61 — Jupiter et Io. — Jupiter et Antiope. Deux pièces faisant
pendants, par G. Vidal.
Belles épreuves avant la lettre et *avant les draperies*.

62 — Vénus et Adonis. — Renaud et Armide. Deux pièces
faisant pendants, par G. Vidal.
Très belles épreuves, la 1re avant toutes lettres et avant la *draperie*.

MOREAU le jeune (J.M.)

63 — Le Festin royal. — Le Bal masqué. Deux pièces faisant
pendants.
Très belles épreuves à toutes marges, légèrement piquées.

MORGHEN (Raphaël)

64 — Michel-Ange. — Arioste. — Dante. — Pétrarque. —
Le Tasse. — Boccace. Six portraits in-fol.
Très belles épreuves, cinq avant la lettre.

MORIN (Jean)

65 — Philippe II, roi d'Espagne, d'après Titien (R. D. 74).
Superbe épreuve, marges.

66 — Louis XI, roi de France (R. D. 63). — Thou (J. A. de),
d'après Ferdinand (79). — François 1er, par N. de
Platte-Montagne (23). Trois pièces.
Très belles épreuves.

NANTEUIL (Robert)

67 — Juan d'Autriche (don) 1673. (R. D. 114).
Superbe épreuve du 3e état, à grandes marges. Rare.

68 — Louis XIV (R. D. 153).
Superbe épreuve du 3eme état, à grandes marges.

69 — Mazarin (le Cardinal), d'après P. Mignard (R. D. 187).
Superbe épreuve du 1er état.

NAPOLÉON 1er (Estampes relaves à)

70 — Buonaparte et Charles-Louis, archiduc d'Autriche, petite
pièce de forme ronde, par Benoist jeune, d'après
Queverdo.
Très belle et très rare épreuve, impr. eu couleurs, marges,

71 — *Bonaparte Premier Consul, remettant l'Épée dans le
fourreau après la Paix Générale*, par Chataignier
Très belle épreuve imp. en plusieurs tons et coloriée, mouillure dans la
marge de gauche,

72 — Bonaparte à la Malmaison, par L. Rados, d'après Isabey,
Grand in-fol.
Belle épreuve avant la lettre. marges.

73 — Buonaparte, en pied, par Coqueret, d'après Hilaire Le
Dru. In-fol.
Trois belles épreuves, dont deux avec la figure *regravée* et la planche
reprise en divers points.

74 — Bonaparte, Cambacérès et Lebrun, en profils accolés ; au-
dessous bas-relief ; *La Paix et l'Abondance*....., par
Chataignier et Bovinet.
Trois très belles épreuves d'état différent, une imp., en couleurs.

75 — Portraits en pied ou équestres de Napoléon 1er. Sept. p.
in-4 et in-fol., par Zehcavel, Badoureau et anonymes,
plusieurs rares.
Très belles épreuves, cinq avant toutes lettres.

76 — Portraits divers, comme 1er Consul. Sept portraits in-8 et
in-4, par Moreau, Fiesinger et anonymes, plusieurs
rares.
Belles épreuves, trois impr, en couleurs et une coloriée.

77 — Portraits divers. Dix-huit portraits, par B. Roger, S. W.
Reynolds, H. R. Cook, Massard, Tardieu et autres.
Belles épreuves, la plupart avant la lettre.

78 — Cérémonie du Sacre, par Delvaux, d'après Isabey. —
Entrevue sur le Niemen, par Naudet. — Napoléon à
l'Ile d'Elbe. — Pestiférés de Jaffa. — Honneur au
courage malheureux. — Batailles et scènes anecdoti-
ques et allégoriques. Quarante-cinq pièces.
Belles épreuves, un certain nombre avant la lettre. Ce n° pourra être divisé,

PATER (d'après Jean-Baptiste)

79 — Le Désir de plaire, par L. Surugue, 1743.
Superbe épreuve à grandes marges.

80 — Le Baisé donné. — Le Baisé rendu. Deux pièces faisant
pendants, par P. Fillœul.
Très belles épreuves à grandes marges.

81 — La Feste Italienne. — L'Amour et le Badinage. — Le
Bain. — L'Essay du Bain. Trois pièces, par Fillœul,
Duflos et Voyez.
Très belles épreuves avec marges.

PIÉCES HISTORIQUES

82 — *Colonne dressée à Rome à la mémoire de Henry IIII* (avec
les médaillons d'Henri IV et de Clément VIII).
Allégorie relative à la Naissance de Louis XIV?
*Je veux que ce fameux Dauphin soit le Roy de toute
la Terre.* Deux pièces in-fol., la 1re par M. Greuter.
> Très belles épreuves, Rares.

83 — *Amiens die fyrnæm berumbte Haubstatt in Piccardia,* par
And. Maier). — *La Fortissa cita de Amiens assediata
et resaai..... l'anno 1597,* par Franco. — Bataille
de Dreux (1590). — Bataille de Hochstadt, 1704. —
Prise de Lagny, 1590. — Prise de Caudebec. Sept
pièces in-4 et in-fol.
> Belles épreuves.

84 — Carte d'Espagne, gravée à Venise en 1560. In-fol.
> Belle épreuve.

85 — *Iluminacion de las Cassas del Ex^{na} Sor Conde del Montijo..
— Galeria mandada hazer por el.... Montijo.
— Prospecto del magnifico Tumulo... por la gl. me :
de la M^d de D^a Isabel Farnesia Reyna de Espana el dia
26 Nov^{bre} 1766.* Trois pièces in-fol., par H. Sperling,
G. A. Wolfgang et C. J. Vasi.
> Belles épreuves.

86 — *La Artilleria Volante compada con los Esquadrones de
Reales Guardias de Corps. — La Artilleria....., por
un Pais montuoso.* Deux pièces in-fol., par T. Lopez,
d'après A. Guerrero.
> Très belles épreuves.

87 — *Verwoesting van Lissabon (Lisbonne) de Hoofstad van
Portugal... I. Nov. 1755 — Generaal Gezigt van de
Vermaarde Stadt Lissabon.* Deux pièces in-fol.
> Très bel es épreuves, une avec légende en tro s langues.

88 — *Vero disegno della nobilissima cavalcata..... citta di
Napoli..... occasione di donativi alla catholica real
Maesta..... 1629.* Suite de huit pl. en forme de
frises.
> Belles épreuves.

89 — Prise de Lingen, 1605 (avec le p^t de Spinola). —
Bredenbend débloqué, 1614. — Prise d'Emmerich,
1614. — Prise d'Aix-la-Chapelle, 1614. — Prise de
Wesel, 1614. — Isendyck, 1605. — L'Escalade entre-
prise sur Genève. — Prise de Ratisbonne, 1634. —
Siège de Malte, 1565. — Concile de Trente, 1565. —
Civitas Hiervsalem, 1543. — Eruption du Vésuve, 1631.
— Conclave pour l'élection du pape Léon XI, 1605. —
Vue de Venise et des 11 Arcs de Triomphe érigés en
1608, au sujet de l'Entrée de Marie d'Espagne. —
Ambassadeurs Siamois, reçus en audience par Inno-
cent XI, 1688. — Entrée des Ambassadeurs Turcs à
Vienne, le 21 oct. 1628. — Queen Elisabeth in Parle-
ment. Vingt pièces, par G. Keller, Math. Mérian,
J. Cock, D. Zenoi et autres, la plupart très rares.
Belles épreuves. Ce n° po.rra être divisé.

90 — Funérailles de Charles-Quint, à Bruxelles, suite de 29
planches, incomplet, publiées par H. Hondius en 1619.
Belles épreuves..

PORTRAITS

91 — Charles-Quint, 1567, jolie pièce anonyme. — Philippe II,
roi d'Espagne, et son Epouse, par F. Hogenberg. —
Philippe III, par Ant. Wiérix. — Christophe Colomb
et Americo Vespuci, par Crispin de Passe. Huit portraits in-8 et in-4.
Belles épreuves

POTTER (Paul)

92 — Différents Chevaux (B. 9-13). Suite complète de cinq
pièces.
Très belles épreuves sur *papier à la Folie*. Collection Arozarena.

REMBRANDT VAN RYN

93 — Rembrandt appuyé (Bartsch 21 — Dutuit 21).
Très belle épreuve.

94 — Jésus prêchant, ou la Petite Tombe (B. 67 D. 71).
Très belle épreuve.

95 — Le Denier de César (B. 68 — D. 81).
Très belle épreuve du 1er état.

96 — La Jeunesse surprise par la Mort (B. 109 D. 110).
Belle épreuve. Rare.

97 — Deux Mendiants, homme et femme, à côté d'une butte (B.165 — D. 161).
Très belle épreuve avant les dernières retouches.

98 — Gueux assis sur une motte de terre (B. 174 — D. 170).
Très belle épreuve du 1er état, avant le nom du maître écrit en toutes lettres.

99 — Le Vieillard endormi (B. 189 — D. 186).
Très belle épreuve d'une pièce rare.

100 — La Femme devant le poêle (B. 197 — D. 194).
Très belle épreuve sur papier du japon, Collections H. Weber et du Dr Wibira

101 — Femme nue, les pieds dans l'eau (B.200.D.197).
Très belle épreuve.

102 — Vieillard portant la main à son bonnet (B.259 D. 275).
Très belle épreuve du 1er état, avant l'achèvement de la planche.

103 — Jonghe (Clément de), célèbre éditeur hollandais (B.272-D.263).
Superbe épreuve.

104 — Sylvius (Jean-Cornelis), ministre hollandais, 1646 (B.280-D.269).
Très belle épreuve d'une pièce rare.

105 — Homme à cheval (B.139 D.137), 2e état. — Figure Polonaise (140-138), 2e état. — Gueux se chauffant les mains (173-169) — Un Gueux (178-174). Quatre pièces.
Très belles épreuves.

RENESSE (A.C.)

106 — Kermesse avec Charlatans.
Superbe épreuve d'une pièce fort rare.

RIBÉRA (Joseph)

107 — Le Poëte (B.10).
Très belle épreuve.

RUBENS (d'après P.P.)

108 — La sainte Vierge, par S. à Bolswert (Dutuit 44, 1er état). — Paysage, par le même (D.13, 1er état.) Deux p. in-fol.
Très belles épreuves.

SAINT-AUBIN (Augustin de)

109 — Jupiter et Léda, d'après P. Véronèse (E. B. 563).
Superbe épreuve d'un état *non décrit* avec la bordure, mais avant la lettre, grandes marges.

SCHENAU (d'après J. E.)

110 — L'Image de la Beauté. — Le Miroir cassé. Deux pièces par Chevillet
Très belles épreuves à grandes marges.

111 — Les Enfants Jardiniers. — L'Espérance au Hazard. Deux pièces faisant pendants, par B. L. Henriquez et N. Dupuis
Très belles épreuves.

112 — Les Intrigues amoureuses. — La Crédulité sans réflexion. Deux pièces faisant pendants, par Louis Halbou. — Carême-prenant, par Voyez. Trois pièces.
Très belles épreuves, marges.

SICARDI (d'après)

113 — *Oh ! che boccone !* par Th. Burke, 1789. Ovale in-fol.
Superbe épreuve impr.; en bistre, grandes marges.

SOIRON (D. F.)

114 — Le Déjeuné.
Très belle épreuve en couleurs d'une estampe fort rare.

SUYDERHOEF (Jonas)

115 — Philippe II, d'après Ant. Moro (Wussin 64).
Superbe épreuve du 1er état avant le nᵒ.

TANCHE (d'après Nicolas)

116 — *Le Danger des bosquet* (sic) — *Les Désirs naissant* (sic). Deux pièces faisant pendants, par Le Beau, 1780.
Très belles épreuves. Rares.

TAUNAY (d'après)

117 — Foire de Village, par C. M. Descourtis.
Superbe épreuve, imprimée en couleurs, avec les armes, à grandes marges. Rare dans cette condition.

118 — Noce de Village, par C.M. Descourtis.

Superbe épreuve impr., en couleurs, avec les armes, à grandes marges. Rare dans cette condition.

119 — La Rixe, par C.M. Descourtis.

Superbe et très rare épreuve avant toutes lettres, impr. en couleurs, marges.

TOUZÉ (d'après)

120 — Les Amusements dangereux, par Voyez le jeune.

Superbe épreuve avec marges.

TRINQUESSE et VANLOO (d'après)

121 — La Sortie du Bain — Le Coucher. Deux pièces faisant pendants, par Lempereur et Porporati.

Très belles épreuves, la première avant toutes lettres, la seconde avant la dédicace

VALLET (Guillaume)

122 — La Canonisation de St. François de Sales? en l'Église St-Pierre de Rome.

Très belle et rare épreuve avant la lettre, les cartouches entièrement blancs

VANGORP (d'après)

123 — Le Déjeuner de Fanfan, par Malles.

Superbe épreuve impr. en couleurs, avant toutes lettres, à grandes marges.

VANLOO (d'après Carle)

124 — La Peinture. — La Sculpture. — L'Architecture. — La Musique. Suite de quatre pièces, par Et. Fessard.

Superbes épreuves à grandes marges.

125 — L'Amour clairvoyant. — Conversation espagnole. — L'Élève dessinateur. — La Gaieté. Quatre pièces par J. Beauvarlet, Angelique Bregeon, P.C. Levesque et J.S. Klauber.

Très belles épreuves.

VILLENEUVE

126 — Vive la Danse et le Pas de trois, allégorie relative aux trois Ordres. Pièce anonyme de forme ovale.

Très belle épreuve.

VORSTERMAN (Lucas)

127 — Charles-Quint, d'après Titien. In-fol.
Très belle épreuve.

WATTEAU (Antoine)

128 — Figures de Modes (E. de G. 3-9), planches 1, 3, 4, 5, et 7.
Très belles épreuves de divers états.

WATTEAU (d'après Ant.)

129 — Watteau et M. de Julienne, dans un jardin, par Tardieu (E. de G. 14).
Superbe épreuve à grandes marges.

130 — Les Amusements de Cythère, par L. Surugue (E. de G. 35)
Superbe épreuve du 1er état, avec les ceux adressesr à grandes marges.

131 — Fêtes au dieu Pan, par Mich. Aubert (E. de G. 40).
Superbe épreuve avec marges.

132 — Amusements champêtres, par B Audran (E. de G. 104).
Très belle épreuve à grandes marges.

133 — Les Charmes de la vie, par P. Aveline (E. de G. 117).
Superbe épreuve à grandes marges.

134 — L'Ile enchantée, par J.P. Le Bas (É. de G. 139).
Superbe épreuve avec marges.

135 — *The Island of Cythera*, par V.M. Picot, 1787 (E. de G. 141) In-fol.
Superbe épreuve du 2me état, à la *lettre grise*, avec marges.

136 — Leçon d'Amour, par Ch. Dupuis (E. de G. 144).
Superbe épreuve avant l'adresse de la Vve Chereau, grandes marges.

137 — La Musette, par J. Moyreau (E. de G. 149).
Superbe épreuve à toutes marges.

138 — Pierrot content, par E. Jeaurat, 1728 (E. de G. 153).
Superbe épreuve à toutes marges.

139 — Rendez-vous de Chasse, par M. Aubert (E. de G. 164).
Superbe épreuve à toutes marges

WIÉRIX (Jérôme)

140 — Philippe II, roi d'Espagne, 1586 (Alvin 2004).
Belle épreuve, doublée.

WILLE fils (d'après P.A.)

141 — L'Essai du Corset. — Dédicace d'un Poëme épique. Deux
pièces faisant pendants, par A.F. Denel.
Très belles épreuves avant toutes lettres, signées du peintre et du graveur.

142 — Le Bouton de rose. — La Curieuse. Deux pièces faisant
pendants, par Voyez l'aîné.
Très belles épreuves à grandes marges,

WOUWERMANS (d'après Phil.)

143 — Halte de Cavalerie. — Le Pot au lait. — Course de la Bague
— Attaque de troupes légères. — Halte espagnole. —
Halte d'officiers. — Garde avancé de Hulans. Huit
pièces in-fol., par J.P. Le Bas, Moyreau et Aliamet.
Belles épreuves, une avant toutes lettres.

DESSINS

BORCHT (Henri vander)

144 — Compositions allégoriques et Sujets de la Bible. Douze
curieux dessins sur une même feuille (recto et verso).
A la plume lavé de bistre et de bleu.

MONNET (Claude)

145 — Compositions pour les Contes de La Fontaine : La Ser-
vante justifiée, le Paysan qui a offensé son Seigneur, la
Gageure des trois Commères, le Poirier enchanté, le
Mari confesseur, le Villageois qui cherche son veau,
le Savetier.
Huit jolis dessins à la plume lavés d'encre de chine. Signés.

STOTHARD (Thomas)

146. — Douze motifs en forme de frise, pour surmonter les Mois
de l'année, compositions pour un ouvrage.
A la plume, lavés d'encre de chine

ZUCCHARO (Frédéric)

147 — Études de Figures.
*Deux beaux dessins au crayon, rehaussés de sanguine ou de bistre. Au verso
deux autres croquis. Collections P. Lely et Richardson.*

Imp. A, Charles, 26, Rue Rambuteau, Paris